【 No.2　守ろう　安全のルール 】

・安全のルールは、
・めんどうでも、
・ルールは全員が守

保護具着用を守る！
時間を守る！
〔始業時間・休憩時間・
　顧客との約束など〕

交通ルールも、全員が守るから事故が防げる。
職場のルールも同じ。

・万が一守れないとき、フォローすることもルール！

万が一約束の時間に遅れそう
なら、早めに連絡を！
無断で遅れると、相手に大き
な迷惑をかける。

実践スローガン　　しっかり守ろう　安全のルール
　　　　　　　　　　　　守れば　自分が守られる

【 No.3　実践！報・連・相（ホウ・レン・ソウ）】

「報・連・相」◆＝報告・連絡・相談
　報告：仕事の進み具合や結果を報告する
　連絡：作業をスムーズに進めるための情報を伝える
　相談：仕事の進め方などについてアドバイスを受ける

①報告
・報告は結論から簡潔に。
・「たぶん〜だろう」「〜に違いない」は×。
・トラブルやミスは、言いづらくてもすぐに報告する。
　早ければ早いほど、解決のために多くの手を打てる。

②連絡
・連絡をするときは5W1H＊を「もれなく」「正しく」。
・略語や専門用語は相手に伝わらないこともある。

＊Who　だれが　 　When　いつ　 　Where　どこ　 　Why　なぜ　 　What　何を　 　How　どのように	◎内容を事前にメモにまとめる。 ◎連絡を受けたら、日時・電話番号・名前など重要事項は復唱する

※本文中の◆マークは覚えておきたいキーワードです。

【 No.1　明るいあいさつ／正しい服装 】

あいさつ

- 良いコミュニケーションはあいさつから。
"先手(せんて)あいさつ"で「元気」と「やる気」を伝えよう！

あいさつに一言添えると、
さらに良い
コミュニケーションに
つながります。

服装

- 乱れた服装は思わぬ事故を生む！
- 職場で決められた服装は、からだを守る。

＊やっていないか？＊
靴ひもがほどけている／長いタオルを首にかけている／前髪が目にかかっている／上着のエリをだらしなく開けている／作業帽（キャップ）を斜めや後ろ向きにかぶっている

作業前に…鏡の前で、一人でチェック！
　　　　仲間と向き合い、互いにチェック！

実践スローガン　　明るいあいさつ　正しい服装
　　　　　　　　　　　　　　　安全作業の第一歩

手帳にはさめる！
安全衛生ブック NANO
（ナノ）

わたしの安全宣言

わたしの健康目標

中央労働災害防止協会 編

③相談
・自分で解決できない問題は上司に相談。
・相談相手には、問題を具体的・簡潔に伝える。
・自分なりの考えも伝えると、より良いアドバイスが得られる。

【 No.4　作業手順を守ろう 】

- 一つひとつの作業のやり方を定めたものが「作業手順」◆、それをまとめた文書が「作業手順書」◆。
- 作業マニュアル・作業標準とも言われ、作業を正しく、安全に行うためのルール。
- 「時間がかかる」「手間がかかる」と作業手順を無視すると、ケガや事故につながる。
- 新しい仕事を担当するとき、仕事の内容が変更になったときなども必ず作業手順を確認。

作業手順には意味がある！

作業手順書の記載事項（例）
作業の流れのほかにも重要な記載がある。
- 必要な資格／免許
- 必要な安全衛生保護具
- 危険性／有害性
- リスクの評価
- 過去の災害事例
- 過去のヒヤリ・ハット事例

実践スローガン　　変えるな　省くな　作業手順
　　　　　　　　　　　基本守って　安全作業

【 No.5　指差し呼称 】

- 腕を伸ばして対象を指差し、「電源オフ　ヨシ！」のように声に出して安全を確認するのが「指差し呼称（ゆびさしこしょう）」◆。
- 注意力を高める指差し呼称で、うっかり・ぼんやり・あせり・近道・省略などのケガの元を断つ！

※「指差呼称（しさこしょう）」「指差し称呼」等の呼び方もあります。

① 確認する対象をよく見る

② 右腕を伸ばし、人差し指で対象を指差し、呼称項目を「○○」と唱える

③ 右手を耳元まで振り上げ「本当によいか？」と考えて確かめる

④ 確認できたら、「ヨシ！」と唱えながら確認対象に向かって手を振り下ろす

指差し呼称は具体的に！　「何が」「どう」ヨイのか？
×「酸素　ヨシ！」⇒　○「酸素濃度１８％　ヨシ！」

実践スローガン　目で見て　指差し　声に出し
　　　　　　　五感を活かして　指差し呼称

【 No.6 徹底！ 4S 】

整理（Seiri）　整頓（Seiton）　　４つの頭文字Sで
清掃（Seisou）清潔（Seiketsu）　4S（よんえす）◆

①整理
必要なものと不要なものを区別して、不要なものを処分。

・不要なものはそのままにせず、決められた廃棄物置場・廃棄物ボックスなどへ。
・壊れたものを間違って使用してケガをしたりしないように、「廃棄物」「要修理」などの表示を。

②整頓
必要なものを、使いやすいように収納する。

定物定位（ていぶつていい）◆
決められた物は決められた場所に保管

ひと仕事ひと片付け◆
物を使ったら次の作業に移る前に片付ける

③清掃
掃除をしてゴミ・汚れをなくす。

汚れをそのままにしない！

こぼれた水・油・溶剤、作業台に散らばった金属の切りくず、靴底について外から入った土・砂などはこまめに掃除。切りくずで手を切ったり、ホコリを吸ったりしないよう、清掃中の安全・健康にも気をつける。

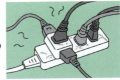

コンセント（電源タップ）のたこ足配線や、たまったホコリは火事の元に！

④清潔
身の回りや服装をきれいな状態に保つ。

「自分の体をよごさない」
「体の汚れを職場に広げない」

まずは自分自身の体を清潔に保つこと！
体に合ったサイズの作業着を身につけ、作業帽やマスクなど必要な保護具を使う。
うがい・手洗い・洗顔を必ず励行。汚れた作業着は着替える。

実践スローガン　整理・整頓・清掃・清潔
キレイな職場は安全職場

【 No.7　保護具着用 】

・職場や設備の安全化が進んでも残ってしまうリスク。
　それから身を守る「最後の砦」が安全衛生保護具。

①安全保護具

　保護帽（作業用ヘルメット）、作業帽、手袋、保護めがね（ゴーグル）、安全靴など
・職場で決められたものを、指示に従い使用すること。
・正しく着用しないと性能を発揮しないことを忘れずに！

・保護帽のあごひもはたるんでないか？
・安全靴のひもは締まっているか？
・墜落制止用器具の金具が掛かっているか？
・墜落制止用器具のロープに損傷はないか？

作業によっては使用禁止の保護具も！

回転部分のある機器は手袋使用禁止。
手袋が巻き込まれる危険がある。

＊適切な保護帽（作業用ヘルメット）を使う＊
・保護帽は「型式検定」合格品しか使用できない。
・合格品には「検定合格標章」が貼られている。
・「飛来・落下物防止用」「墜落時保護用」など作業ごとに必要な種類が決められています。「検定合格標章」の記載を確認しましょう。

②労働衛生保護具

保護めがね、防じんマスク、防毒マスク、耳栓、化学防護手袋、防振手袋、化学防護服など、からだのあらゆる部位に応じた労働安全衛生保護具がある。

・職場で決められたものを、指示に従い使用すること。
・着用の仕方や点検法は職長などの指導を受けること。

＊しっかり点検し、正しく装着しないと効果を発揮しない！＊

←例：耳栓の正しい装着法
　つける側と反対の手を頭の後ろから回し耳を後ろに引っ張りながら装着。

例：使い捨て式防じんマスクの点検法→
　両手でマスク全体を覆って息を吐き、面体から漏れがなく、面体がふくらめばOK。

＊いつもと違うことに気づいたら、すぐ上司・管理者に相談！＊
"おや、いつもより…"

| 実践スローガン | しっかり点検　きっちり着用　保護具で守る　安全・健康 |

【 No.8　実践KYT 】

・職場や設備の安全化だけでは防げない、ヒューマンエラー災害を防ぐために、4ラウンド法によるKYT◆（危険予知訓練）を行います。
　※K＝危険、Y＝予知、T＝トレーニング（訓練）

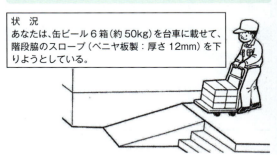

状　況
あなたは、缶ビール6箱（約50kg）を台車に載せて、階段脇のスロープ（ベニヤ板製：厚さ12mm）を下りようとしている。

KYTは以下の4段階で進める
【第1ラウンド】現状把握
　　　　　　- どんな危険がひそんでいるか - 事実をつかむ
【第2ラウンド】本質追究
　　　　　　- これが危険のポイントだ - 本質を探る
【第3ラウンド】対策樹立
　　　　　　- あなたならどうする - 対策を立てる
【第4ラウンド】目標設定
　　　　　　- 私達はこうする - 行動計画を決める

・KYTのさまざまな活用手法のうち、上のイラストを使った「自問自答カード1人KYT」の流れの（例）を示す。

【第1ラウンド】現状把握
　自問自答カードを1項目ずつ読み上げ、そこにひそむ「危険要因」と引き起こされる「事故の型」を自分で3～5項目あげる。
「落ちないか、転ばないか！？」
「台車の前に荷物が落ちて、台車が乗り上げて急にとまり、台車にぶつかって転倒する　ヨシ！」など（3～5項目あげる）
【第2ラウンド】本質追究
　特に危ないと思うもの（危険のポイント）1項目に絞り込む。
「坂を前向きに下りて、台車に勢いがつき坂からはずれ、台車ごと転ぶ　ヨシ！」
【第3ラウンド】対策樹立「省略！」
【第4ラウンド】目標設定
　危険のポイントに対する行動目標を決めて唱える。
「坂を下りる時は、台車を後ろ向きにして下りよう　ヨシ！」

・実際の作業に取り掛かる前に、危険がないか、次の自問自答カードで確認しよう。

活用しよう！　　自問自答カード

1. はさまれないか
2. 切れ、こすれないか
3. 巻き込まれないか
4. 落ちないか、転ばないか
5. やけどしないか
6. 腰を痛めないか
7. 感電しないか
8. その他ないか

実践スローガン　「いつもの作業」も気を抜かず
　　　　　　　　　実践　実感　危険予知

【 No.9　腰痛予防 】

　災害性腰痛（ぎっくり腰などの急性腰痛）は職業性疾病のトップを占める。また災害に至らなくても慢性の腰痛を持つ人も多い。動作に関連した主な要因は…
・重量物の持ち上げや運搬
・長時間同じ姿勢を保つ
・腰を屈める・反る・ひねるなどを繰り返す

腰痛を起こさない持ち上げ方

脚を伸ばして腰だけ曲げるのは×
　→①片足を前に出して腰を落とす
　　②荷物を体に引き付けて持つ
　　③脚を伸ばして立ち上がる

腰痛を起こさない座り姿勢

　机の高さ・角度を調節する／イスは足裏が床にしっかりつく高さに／ときどき立ち上がって腰を伸ばす／肘を基点に円を描いた範囲に作業対象物を置く

姿勢のくずれの解消法

　腰に負担をかける日常生活のクセをチェック！
　姿勢のくずれをエクササイズで解消しよう
□立っているときに一方の足に重心をかけている
□イスに座ったときに脚を組むクセがある
□いつも同じ側の肩にカバンをかけている

①バランス調整
　イスに腰掛け、足踏みするようにお尻を交互に上げ下げする。（左右10回ずつ程度）

②脚の横振り
　腰に手を当てて立ち、片脚ずつ軽く横に上げて下ろす。（左右各3回×3セット）

③脚のスイング
　ふとももが水平になるまで片脚を前に上げ、ゆっくり戻して後ろに引き上げる（左右交互に各3回×3セット）

実践スローガン　立つ　座る　持ち上げ運ぶ
　　　　　　　　　正しい姿勢で腰痛予防

【 No.10　転倒防止 】

労働災害で一番多い転倒。つまずく、滑る…よくあること、と軽く思いがちだが、日常生活での死亡事故では交通事故を超える。

ヒヤリ・ハット◆を軽く見ない！

事故にはならなくても、ヒヤリとした、ハットした体験がヒヤリ・ハット。

- 重大事故＝1
- 軽微な事故＝29
- ヒヤリ・ハット＝300

「労働災害で1件の重大事故が起こる背景には、軽微な事故が29件、そしてヒヤリ・ハットが300件ある（ハインリッヒの法則◆）」
ヒヤリ・ハット情報は職場で共有して対策を！

4S徹底、「見える化」で転ばない環境づくり

▲床に荷物やゴミを放置しない／電気器具を使い終わったらコードを巻き取る／床にこぼれた水や油はすぐふき取る／通路の曲がり角にはミラーをつける…。自分でできる工夫はたくさんある。

▼足元の段差に目立つ色のテープを貼るだけでも転倒防止に効く。見えにくい危険を「見える化」する対策を。

見えにくい段差を色表示する

転ばないための「動作」の注意

階段は片手を空けて手すりを使用
・手をポケットに入れるのは厳禁！
・スマホなどのながら歩きも厳禁！
　交差する通路や曲がり角では安全確認
・台車などは一度止めてから確認する
・台車は引くな！足を巻き込まれてケガ
　や転倒が起きる。

転ばないためのエクササイズ

　脚筋・腹筋の運動で転ばないからだづくり。座ったままできる運動、つま先上げの運動などは手軽で効果的な方法を実践！

◀ひざの曲げ伸ばしを交互に行う

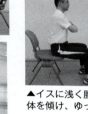

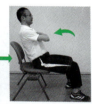

▲イスに浅く腰掛け、後方にゆっくり体を傾け、ゆっくりと戻す

◀かかとを床につけ、右腕と左足のつま先、左腕と右足のつま先、と歩くようにリズミカルに交互に上げる

実践スローガン　4S・見える化・健康づくりで
つくろう　転ばない職場とからだ

【 No.11　心とからだのセルフケア 】

　心・からだの不調も、最初は小さなサインから。だるさ、不眠、コリ・痛みなど"いつもと違う"というサインに気づいたら、早めに産業医・かかりつけ医に相談！

小さなサインを見逃さない

　体調不良もからだの問題ではなくストレスが原因かもしれない。
　毎日、顔色・血圧・体重をセルフチェック！

コリや痛みも、骨や神経、内臓の疾患のサインであることも。

眠りは健康のバロメーター

　すっきり起きられない／夜中・明け方に目が覚めてしまう／寝付けない／疲れが取れない／日中に強い眠気を感じる・・・からだの病気やストレス、不規則な生活習慣など、眠りのトラブルはさまざまな健康問題の表れ。快眠できているか、毎日チェックしよう。

◎よい眠りのための生活習慣
　決まった時間に起床・就寝／コーヒー・紅茶・緑茶は就寝4時間前まで／喫煙は就寝1時間前まで／就寝前はパソコン・スマホなど明るい画面を見ない／寝酒はしない／ぬる目の入浴

受けよう健康診断・ストレスチェック

　会社の健康診断・ストレスチェックは、心とからだの健康状況を知る大切な機会です。
　健康診断・ストレスチェックは必ず受けよう。
　健康診断で「要再検査」などの判定が出たらそのままにせず、必ず受けよう。

※ストレスチェックの結果は、本人が希望しない限り会社には知らされません。また高ストレスの結果が出た場合、希望すれば医師による面談を受けられます。

実践スローガン　心とからだの声を聞き
　　　　　　　　　　早め早めのセルフケア

緊急連絡先等

氏名	血液型（Rh＋・－）
住所　〒　－ 　　　　TEL	
勤務先 〒　－ 　　　　TEL	
家族等緊急連絡先 　　　　TEL	
かかりつけ医 　　　　TEL	
服薬中の薬等	

生活便利ダイヤル

警察（事件・事故の緊急通報）	110
警察相談専用電話	#9110
（生活に関する不安や悩みの相談）	
火事・救急	119
小児救急電話相談	#8000
海上の事件・事故	118
災害用伝言ダイヤル	171

＊被災地の方の電話番号を利用して、音声で安否情報を登録・確認できるサービス。

①伝言の録音方法
[1][7][1]にダイヤル
ガイダンスが流れます
[1]＋電話番号をダイヤル

②伝言の再生方法
[1][7][1]にダイヤル
ガイダンスが流れます
[2]＋電話番号をダイヤル

被災地の方は自分の電話
被災地以外の方は安否確認したい被災地の相手の電話

こころの相談
〔厚生労働省〕
・電話相談「こころほっとライン」0120-565-455（無料）
・「こころの耳メール相談」https://kokoro.mhlw.go.jp/mail-soudan
〔内閣府〕
・「こころの健康相談統一ダイヤル」0570-064-556

平成28年1月29日　第1版第1刷発行
令和6年5月29日　　　　　第7刷発行
編　者　中央労働災害防止協会
発行者　平山　剛
発行所　中央労働災害防止協会
〒108-0023　東京都港区芝浦3-17-12　吾妻ビル9階
販売/TEL:03-3452-6401　編集/TEL:03-3452-6209
ホームページ　https://www.jisha.or.jp

印　刷　熊谷印刷㈱
イラスト　エダりつこ
デザイン　㈱太陽美術
©JISHA 2016　21570-0107
定価　153円（本体139円＋税10％）
ISBN978-4-8059-1681-0　C3060　¥139E